Paul Posener:

Grundriss des gesamten deutschen Rechts in Einzelausgaben

1. Band: Allgemeiner Teil des Bürgerlichen Gesetzbuches.

J. J. Heines Verlag.
Berlin.

Preis 90 Pf.

Grundriß

des gesamten

deutschen Rechts

in Einzelausgaben

von

Paul Posener.

1. Band.

Allgemeiner Teil des Bürgerlichen Gesetzbuches.

Berlin 1900.

J. J. Heines Verlag.

Abkürzungen

der geltenden Gesetze. (Die früheren Gesetze werden regelmäßig vollständig genannt.)

B = Bürgerliches Gesetzbuch.

C = Strafprozeßordnung. (C von Carolina!)

E = Einführungsgesetz zu —.

G = Gerichtsverfassungsgesetz.

H = Handelsgesetzbuch.

K = Konkursordnung.

L = Landesrecht.

M = Militär- —.

R V = Reichsverfassung.

S = Strafgesetzbuch.

V U = preußische Verfassungsurkunde.

W = Wechselordnung.

Z = Zivilprozeßordnung.

Die folgende Zahl giebt den Artikel oder Paragraphen an.

Vorwort.

Die erste Abteilung meines Grundrisses enthält das **gesamte bürgerliche Recht** in 7 Bänden. (1. Allgemeiner Teil, 2. Recht der Schuldverhältnisse, 3. Sachenrecht, 4 Familienrecht, 5. Erbrecht, 6. Handelsrecht, 7. Wechselrecht.) Gerade bei den allgemeinen Lehren habe ich die Notwendigkeit empfunden, recht ausführlich zu sein: sollen sie doch nicht nur in das bürgerliche Recht, sondern in das Recht überhaupt einführen. Ich bin bestrebt gewesen zu zeigen, wie wenig ausreichend das Pauken von Gesetzesstellen, wie überaus dürftig ein Lernen des B. G. B. ohne Benutzung der geschichtlichen Entwickelung sein würde. Die aphoristische Form meiner Darstellung verhindert — ich hoffe es! — das Auswendiglernen von Definitionen und aus dem Zusammenhange gerissenen Rechtssätzen: der Stil soll zum Nachdenken zwingen! Wer vernünftig arbeitet, dringt intensiv in den Stoff ein und macht, um auch dem Examen seinen Tribut zu zollen, Notizen; so spart er Zeit, und das Erfaßte bewahrt er. Aber auch dem Fortgeschrittenen wünsche ich zu nützen: ein Blick soll ihn orientieren, ob er alles beherrsche. — Jeder Anregung zur Verbesserung werde ich gern folgen.

Abteilung II enthält: 8. Gerichtsverfassung, 9. Zivilprozeß, 10. Zwangsvollstreckung und Konkurs, 11. Staatsrecht und Verfassungsrecht, 12. Verwaltungsrecht, 13. Völkerrecht und internationales Recht, 14. Kirchenrecht, 15. Strafrecht, 16. Strafprozeß, 17. Militärrecht.

Abteilung III: 18. Römische Rechtsgeschichte, 19. Deutsche Rechtsgeschichte, 20. Brandenburg-preußische Rechtsgeschichte.

Ich schließe mit den Worten des berühmten Celsus: scire leges non hoc est verba earum tenere, sed vim ac potestatem.

Breslau VII, im Oktober 1900.

Posener.

Inhaltsverzeichnis.

Einleitung.

I. B in fünf Bücher geteilt: allgemeiner Teil, Recht der Schuldverhältnisse, Sachenrecht, Familienrecht, Erbrecht; dazu Einführungsgesetz. Allgemeinere Begriffe, welche für eine systematische Darstellung nicht zu entbehren, nicht im B; hier vorangestellt. Die Lehre von den Rechtsquellen in geschichtlicher Entwickelung, siehe: Aeußere Rechtsgeschichte (Band 18 bis 20 des Grundrisses).

II. Allgemeiner Teil den vier folgenden Büchern des B übergeordnet: Rechtsregeln, aus den vielen Verhältnissen des Lebens und des Rechtes gewonnen, als allgemeine hingestellt, weil in vielen, sonst noch so verschiedenen Fällen anwendbar. — Allgemeine Vorschriften auch B 241 bis 432, man wollte aber keinen besonderen „allgemeinen Teil des Rechtes der Schuldverhältnisse." — B 873 bis 902 allgemein für alle Rechte an Grundstücken.

III. „Erstes Buch: Allgemeiner Teil." B 1 bis 240. — Sieben Abschnitte: Personen 1 bis 89; Sachen 90 bis 103; Rechtsgeschäfte 104 bis 185; Fristen, Termine 186 bis 193; Verjährung 194 bis 225; Ausübung der Rechte, Selbstverteidigung, Selbsthilfe 226 bis 231; Sicherheitsleistung 232 bis 240.

IV. Wichtige Abweichungen des allgemeinen Teils gegen früheres Recht: Trunksucht Entmündigungsgrund; Todeserklärung deklaratorisch; Lebensvermutung; ideale Vereine durch Eintragung rechtsfähig; Sache nur körperlicher Gegenstand; Zubehör bewegliche Sache; Irrtum: Anfechtung; doppelte Fristen für Anfechtungen; Offerte bindend; unmögliche und unerlaubte Bedingungen: suspensive vernichtend, resolutive nicht hinzugefügt; Vollmachtserteilung keine Form; — aus dem E B: Gesetz gleich Gewohnheitsrecht; Ansprüche auf Grund des B in letzter Instanz Reichsgericht; Personalstatuten nach Staatsangehörigkeit; bürgerlicher Tod (und vollkommene Vermögensunfähigkeit) bei Profeßleistung beseitigt.

1. Kapitel:

Das Recht im objektiven Sinne.

§ 1. Wesen des Rechtes.

I. Definitionen: a. Celsus: ius est ars boni et aequi, D 1, 1, 1 pr. — [Windscheid: Ideal des Rechts schön bezeichnet; Salkowski: ars meint wissenschaftliches System des Guten und Billigen. Vgl. Dahn: Recht ist wesentliches Attribut menschlicher Anlage, d. h. Mensch hat Rechtstrieb. — Begründung und weitere Ausführung Sache der Rechtsphilosophie]. — b. Rousseau: volonté générale (im contrat social). — Hegel. — c. Dernburg: die durch den allgemeinen Willen aufrecht erhaltene Ordnung der Lebensverhältnisse. — d. Dahn: die vernünftige Friedensordnung einer Menschengenossenschaft in ihren äußeren Beziehungen unter einander und zu den Sachen, — für Menschen von Menschen gebildet.

II. In der Anwendung:

a. iustitia das dem Rechte entsprechende Verhalten des einzelnen [Ulpian: iustitia est constans et perpetua voluntas ius suum cuique tribuendi. Juris praecepta sunt haec: honeste vivere, alterum non laedere, suum cuique tribuere; D 1, 1, 10, pr. § 1.] — b. iniuria: omne quod non iure fit. (Ulpian D 47, 10, 1, pr.)

III. Zu unterscheiden von:

a. Sitte: Rücksicht auf gewisse Kreise der Gesellschaft; b. Moral: Entscheidung für Gutes oder für Böses, Rücksicht auf Gewissen (Paulus: non omne quod licet honestum est. D 50, 17, 144, pr.) — Sittlichkeit; c. Religion: Rücksicht auf Gott.

IV. Erzwingbarkeit als Begriffsmerkmal des Rechts bestritten; denn B 1588, Völkerrecht, R V 17. — Vgl. Grundriß Band 13.

2. Arten des Rechtes.

§ 2. Ursprung.

Nach Ursprung und Erscheinungsform wird unterschieden:

I. In älterer römischen Lehre: ius civile, römisches Nationalrecht (dominium ex iure Quiritium, usucapio, in iure cessio); ius gentium, auf alle Rechtsfähigen, also Römer und Peregrinen, anwendbar (Besitzschutz, Schadensersatz, Sklaverei).

[Völkerrecht heißt ius inter gentes!]

II. In spätklassischer Zeit: Trichotomie; ius civile, ius gentium und ius naturale, letzteres die den Menschen und Tieren gemeinsame Lebensordnung, z. B. Geschlechtsverbindung, Kinderaufziehung. [Naturgesetz! Aber Plinius: Pferd habe sich wegen Inzest Leben genommen.]

III. a. Positives Recht, für bestimmten Staat unter dessen Autorität; nicht für alle Völker gleich. — Paulus: non ex regula ius sumatur, sed ex iure quod est regula fiat. (D. 50, 17, 1). — b. Natur-, Vernunft-, philosophisches Recht: auf Vernunftprinzipien beruhend, durch abstraktes Nachdenken abgeleitet, mit individueller Willkür aprioristisch konstruiert. Keine praktische Verwendung. — c. Rechtsphilosophie; vergleichende Rechtswissenschaft.

IV. Einheimisches und ausländisches (fremdes) Recht; wird letzteres angenommen, dann heißt es rezipiertes (z. B. römisches, kanonisches, langobardisches Recht).

V. Römisch: ius scriptum, vom zuständigen staatlichen Organe formuliertes und schriftlich kundgemachtes Recht; ius non scriptum auf nationales Rechtsbewußtsein gegründet, durch Uebung geschaffen. — Dies ist in Rom gleich Gesetz und Gewohnheit; nicht so für deutsches Recht, denn: leges Barbarorum ungeschrieben, das gewohnheitsrechtlich rezipierte römische Recht geschrieben.

§ 3. Geltungsgebiet.

I. Allgemeines, gemeinsames Recht: für mehrere Rechtsgebiete allgemein durch thatsächliche Rechtsübereinstimmung ohne Rücksicht auf formelle und materielle Grundlage. (Gesetze des deutschen Bundes, z. B. Wechselordnung, Handelsgesetzbuch.)

II. Prinzipales und subsidiäres Recht.

III. Gemeines Recht, ius commune und zwar a. formell gemein, auf Identität der Rechtsquelle beruhend, — b. materiell gemein, auf solcher des Nationalcharakters und der Geschichte verschiedener Stämme eines Volkes. — Das B ist gemeines Reichsrecht.

IV. Partikulares Recht: das der Einzelstaaten, Provinzen, Städte. Im deutschen Rechte: Geding und Willkür bricht Stadtrecht, Stadtrecht bricht Landrecht, Landrecht bricht gemeines Recht. — Heute R V 2; (Derogationstheorie, historische

Willenstheorie). Gegenüber B nur Landesrecht möglich gemäß E B 55; ungenau 94 Vorbehalte (Endemann); 107 Vorbehalte (Posener). — [Anders E B 32 für Reichsrecht.]

V. Oeffentliches und bürgerliches Recht. Ulpian: publicum ius est, quod ad statum rei Romanae spectat, privatum, quod ad singulorum utilitatem (D 1, 1, 1, 2 — immer noch die beste Definition). — Dernburg: privat, wenn Interesse des einzelnen zunächst (!!) bestimmend; öffentlich, wenn Interesse der Gesamtheit maßgebend. (Das sind keine Gegensätze, außerdem zu verschwommen.) Weyl: zwei Kreise, die sich nicht völlig ausschließen, sich vielmehr schneiden, deren Segment eine Reihe Zwittererscheinungen umfaßt. — Bürgerliches Recht: im allgemeinen, soweit Z offen steht; (aber G 13). — Entscheidung immer nur im besonderen Falle; historisch, nie abstrakt. — Praktischer Wert der Unterscheidung: durch lex Lasker (20. 12. 1873) ist R V 4_{13} erweitert auf das gesamte bürgerliche Recht; also Reich zuständig. — Zweifelhafte Fälle in E B 80, 104, 106, 109; Lehen, Adel, öffentliche Körperschaften, Regalien. — E B 6, E G 8. — [Für öffentliches Recht bleibt L.]

VI. Ius civile — ius praetorium (Papinian: adiuvandi vel supplendi vel corrigendi iuris civilis gratia D 1, 1, 7, 1). Z. B. civile: hereditas; praetorium oder honorarium: bonorum possessio.

VII. Mittelalter: ius civile und ius canonicum.

VIII. Bürgerliches (materielles, regelt Formen des friedlichen Zusammenlebens) und formelles Recht (Prozeßrecht, regelt Formen des Streites). — E Z 16. — Streitig für beneficium competentiae. — B 519.

IX. Früheres Recht: die gesetzgeberischen Gedanken haben im früheren Rechte ihre Vorgeschichte. — Aneignungsprinzip d. Gesetzgeber; dagegen Eck, Binding. — Hilfswissenschaften des geltenden Rechtes: römische, deutsche, kanonische, partikulare, vergleichende (Kohler) Rechtsgeschichte. — Historische Schule! von Savigny, Puchta. — Gegenwärtiges (geltendes) Recht; — Dogmatik. — Verhalten des B (genannt nach code civil) zu früheren Rechten: a. bestätigend, zum größten Teile; — b. ergänzend, z. B. Entmündigung des Trunkenbolds, holographisches Testament; — c. ändernd, z. B. Vormundschaftsgericht höhere Instanz im Eheleben; — d. zerstörend, z. B. Wiedereinsetzung unvordenkliche Verjährung durch Schweigen des B beseitigt, siehe auch E B 95_3.

§ 4. Materielle Verschiedenheit des Inhaltes.

I. Modestinus (D 1, 3, 7): legis virtus haec est imperare (z. B. B 242, 1353, 1374, 2028), vetare (z. B. B 226, 907, 909), permittere (Ausnahme von Verbot z. B. B 227, 859, 905_2, 110, 305, 165), punire (nicht bloß strafrechtlich; sanctio stellt Nachteil des Ungehorsames fest). [Lex imperfecta, weder Strafe noch Nichtigkeit, z. B. Ehe zwischen Vormund und Mündel; minus quam perfecta, bloß Strafe, keine Nichtigkeit, z. B. in Rom für Witwe bei Verletzung des Trauerjahres: Ehe gültig, aber Infamie; ferner Stempelgesetze; B 1312, 1313, 1318; — perfecta, Nichtigkeit, z. B. Versprechen dauernder Ehelosigkeit, B 134, 2333; — plus quam perfecta, Ungültigkeit und Strafe, z. B. Wucher (Nichtigkeit und Strafe), Betrug (Anfechtung und Strafe)]. — Terminologie des B: „ist", „hat", „muß" (lex perfecta), „soll" (impedimentum impediens), „darf", „kann". [Aber: „kann nicht" = muß. B 619.]

II. Ius cogens, prohibitivum. publicum; — Papinianus (D 2, 14, 38): privatorum pactis mutari non potest. Im B besonders wegen sozialer Gleichstellung (Rechtsfähigkeit), bei Allgemeininteresse, sittlichen Gründen, Formvorschriften. — B 248, 619. [Folge: Nichtigkeit, Anfechtung.]

Ius dispositivum, permittens, hypotheticum, nicht zwingendes Recht; vermittelnd (von Savigny); ergänzend (von Wächter); privatrechtlich, nachgebend, abänderlich (Thöl); nachgiebig (Windscheid); simpliciter disponunt, non prohibent. Keine Aenderung des Rechtes, nur, inwieweit Partei sich der einzelnen Vorschrift entziehen kann; tritt es ein, dann aber zwingt es auch. — B 145, fast das ganze Buch II des B. — [Bedeutung des Vertragsrechts für Familienrecht, Schuldverhältnisse; — Dahn.]

Andere Einteilungen: berechtigend, verneinend, begriffsentwickelnd (Thöl, dazu Bekker: man kann Pferde nicht einteilen in Rappen, Stutzschwänze und Stuten); ermächtigend, ergänzend, zwingend (Regelsberger). — Gesetzliches eheliches Güterrecht, gesetzliche Erben. — B: „sofern nicht sich ein anderes ergiebt" — „aus den Umständen zu entnehmen."

III. Ius strictum, strenges Recht, keine Rücksicht auf konkrete Lebensverhältnisse (iuris subtilitas, scrupulositas), stricti iuris iudicia, condictio, Richter muß sich genau an Formel halten. — Ius aequum, billiges Recht, Rücksicht auf id quod actum est, bonae fidei iudicia, arbitria, auf incertum. — D 50, 17, 90; 6, 1, 38; 16, 3, 31.

IV. Ius commune — singulare; ius generale — speciale.

a. commune, materiell-gemeines Recht, der ratio iuris entsprechend, normal. — b. generale, allgemeines Recht, alle Individualerscheinungen der behandelten Gattung umfassend. — c. singulare, quod contra tenorem rationis propter aliquam utilitatem auctoritate constituentium introductum est (Paulus D 1, 3, 16); Anomalie, Ausnahmsregel, Zahl nicht übersehbar; ergänzend kann analog, einschränkend muß strikt interpretiert werden; B 1376. — d. speciale, Ausnahmsfälle, bestimmte Anzahl der Fälle, E B 57.

Exceptio firmat regulam: außer der Ausnahme bleibt die Regel unberührt.

Privilegium; Begriff: a. objektiv, ius singulare und speciale; — b. subjektiv, Sonderberechtigung, gewöhnlich durch Verwaltungsakt, z. B. B 1303, 1312, 1316, 1322. — Privileg des ius singulare ist personae z. B. Soldat, Ausländer, rei z. B. Stammgut, causae z. B. Steuer. —

Einteilungen: favorabilia — odiosa, gratuita — onerosa, affirmativa — negativa, personalia — realia, conventionalia — pura.

V. Stellung der Rechtssätze im Systeme. a. übergeordnet — untergeordnet, vgl. w. o. S. 1 Nr. II. — b. unabhängig von einander, z. B. B 1 und 2; — können sein einander widersprechend, und zwar: unabsichtlich, Antinomie, gilt bei nicht möglicher Erklärung als nicht vorhanden. [Bei corpus iuris civilis: historische Vereinigung: D 1, 3, 32, 1 mit C 8, 52, 2; — im B keine historische Vereinigung, denn ein Werk von einem Datum der Entstehung als Gesetz; Antinomie z. Zt. nicht gefunden, höchstens etwa B 420 mit 427.] — absichtlich, Einschränkung eines Satzes durch einen anderen, z. B. B 2 und 3, B 107 und 110. — Kein Rechtssatz ist isoliert zu verstehen.

3. Entstehung des Rechtes.

§ 5. Gesetz.

„Gesetz" = jede Rechtsnorm, so: E B 2, E Z 12, E C 7, E K 2; — also auch Gewohnheitsrecht. Hier Gesetz im eng. S.:

I. Satzung, ausgehend von Organen des Staates.

a. Gesetz: durch Teilnahme der zur Mitwirkung an Gesetzgebung verfassungsmäßig berufenen Volksvertretung entstanden. — Rom: erst Komitien, dann Senat, seit Diokletian Kaiser. Altes deutsches Reich: „Kaiser und Reich." Deutscher Bund: Beschlüsse, wenn von Einzelstaaten verkündet. Norddeutscher Bund und deutsches Reich: R V 5_1! Kaiser kein Veto (irrtümlich von Dernburg angenommen); Präsidium indirektes Veto R V 5_2. — Preußen: V U 62! Elsaß-Lothringen: wie im Reich, oder: Kaiser, Bundesrat, Landesausschuß; übrigens E B 5. —

In Kraft: Rom und altes Reich, ohne weiteres; deutscher Bund: für Regierungen sofort, für Unterthanen, nach Verkündigung durch Einzelstaaten. — [Code civil 1: du moment où la promulgation en pourra être connue.] Heute R V 2: 14 Tage nach Ausgabe des Gesetzblattes in Berlin; für Konsular- und Schutzgebiete 4 Monate. Zeit zwischen Ausfertigung (datierte Unterschrift) und Kraft heißt vacatio legis. [Laband, Gierke; vgl. Grundriß Band 11.] Anderer Termin durch besondere Bestimmung, z. B. E B 1. — Preußen: V U 62, 106_1.

b. Verordnung, ohne Mitwirkung der Volksvertretung. [Notstandsverordnung für das Reich nicht, aber für Elsaß-Lothringen; für Preußen V U 63.] a. Verwaltungsv. kein neues Recht, für Anwendung des bestehenden, Vereinfachung und Erleichterung des Betriebes. Zuständig: jedes Staatsorgan in Sachen seiner Kompetenz. — B. Rechtsv., neue Normen. Nur, wenn Verfassung gestattet oder bei besonderer Ermächtigung; z. B. R V 7_2, 50, 53, 63; V U 45; B 482_2; S 328. — Rechtsv. revisibel (Reichsgericht), die andere nicht.

II. Staatsvertrag. R V 11_3; V U 48 (Zorn: Einzelstaaten haben prinzipiell Vertragsrecht verloren). — E B 56.

III. Satzung nicht ausgehend von Organen des Staates, sondern infolge von:

a. Delegation (gesetzliche Zuweisung der Ordnung einzelner Verhältnisse), ausgehend — aus übertragenem Rechte — von kleineren Gebietskörperschaften, vgl. Polizeirecht;

b. Autonomie (Befugnis einer Gemeinschaft, für ihre Genossen objektives Recht zu schaffen), ausgehend — aus eigenem Rechte — vom hohen Adel, E B 57, 58; Körperschaften, Kirche. — [D 1, 1, 9: statuta legalia des Mittelalters; portio statutaria, Statutenkollision; Z 293.] — Unrichtig: Vereinsstatuten, vielmehr: = satzung; vgl. B 25, H 182.

§ 6. **Gewohnheitsrecht.**

Regel, welche — bewußt oder unbewußt — auf Grund einer Volksüberzeugung dauernd im Verkehre als Recht geübt wird. — Frage „nach Grund der Verbindungskraft" des Gew. R. ist Tautologie, denn kein unverbindliches Recht; vielmehr: warum wird ein Satz, der irgendwelche Erfordernisse erfüllt, Rechtssatz?

I. Begründungsfrage (Kausalmoment). a. Rom, Willenstheorie, souveränes Volk; Julian, D 1, 3, 32, 1 (consensus). b. spätrömisch (Konstantin) C 8, 52, 2. — c. Glosse (Irnerius): anstelle des populus jetzt princeps. — d. Gestattungstheorie (gilt, weil staatlich anerkannt; Göschen, Gesterding, Vering). e. Gestattungs- und Willenstheorie verbunden: Rümelin. — f. materialistische Theorie: Uebung allein das Bindende (Dernburg, Schwanert). — g. spiritualistische oder Ueberzeugungstheorien, und zwar Ueberzeugung: bei einzelnen Menschen (Cosack, Krückmann, dagegen Crome); bei der Gesamtheit, Unterarten: α. Gerechtigkeitsüberzeugung („billig", Bruns; „angemessen" Baron; „zweckmäßig" Seuff. Arch. 20, 155); — β. Rechtmäßigkeitsüberzeugung: historische Schule (Puchta, von Savigny; — Windscheid, Reichsgericht 3, 211.)

II. Erfordernisse. a. opinio iuris sive necessitatis, Recht — nicht Sitte (Trinkgeld); Recht — nicht Geschäftsgebrauch (Usance, z. B. Rabatt); objektives Recht — nicht subjektives z. B. Servitut. — b. gleichförmig. — c. allgemeingültig. — d. öffentlich (vgl. Z 293). — e. rationabilis, gut [Reichskammergericht 1495: „redliche, ehrbare, leidliche"; c 2 X 1, 4; Windscheid]. „Hundert Jahre Unrecht ist keine Stunde Recht" (Dahn); — f. ein Thun: eine Handlung (von Cocceji), zwei (Böhmer), gewisse Dauer (Windscheid), nach richterlichem Ermessen (Cujacius), langjährig (Dernburg), Ablauf der Verjährung (c 2 X 1, 4,

Glosse; — Verwechselung von Gewohnheitsrecht und Verjährung!) — g. nicht beruhend auf irrtümlicher Auslegung oder Annahme eines Rechtssatzes (herrschende Meinung und Reichsgericht wegen D 1, 3, 39.) Aber: Corpus iuris auf Grund Irrtums rezipiert.

III. Gemeines — partikuläres (gegen diese Einteilung mit Unrecht Cosack). — Observanz ist Gew. R. kleinerer Kreise. — Ortsüblichkeit B 919. — Handelsgebräuche; vgl. E H 2_1 mit Art. 1 d. alt. H. G. B.

IV. Erkenntnis d. Gew. R.: Zeugen, Urkunden, Richter, indirekt.

§ 7. 4. Fortbildung des Rechtes.

I. Lex posterior derogat priori. E B 32, 55; (R V 2).

II. Verhältnis von Ges. und Gew.: a. röm. streitig (C 8, 52, 2); b. Theorie: gleich stark — Gew. stärker — Ges. stärker; c. Kodifikationen: A. L. R. allgemeines Gew. verboten, kodifiziertes provinzielles derogiert dem A. L. R.; — code civil sagt nichts (nach Theorie: gilt, bei Verweisung und in Handelssachen); — österr. B. G. § 10: nur, wo Gesetz bestimmt; — sächs. B. G. § 28_1: gilt überhaupt nicht; B I Entwurf § 2: nur, soweit Gesetz verweist. Jetzt: Regelung der Wissenschaft überlassen; E B 2.

III. Richtiger Ansicht nach partikuläres Gew. R. überhaupt nicht gegenüber Reichsrecht, weder abändernd noch ergänzend noch bestätigend. (Cosack und Krückmann: partik. Gew. R. stärker als Gesetzesrecht.)

IV. Gerichtsgebrauch, usus fori. C 7, 45, 13: non exemplis (Präjudizien) sed legibus iudicandum est. Reichsgericht hat keine formelle gesetzliche Autorität. Strömung für Begrenzung des freien richterlichen Ermessens, entstanden im Strafrechte (dolus eventualis, abgeschwächte lex Heinze). — Z 286. Im B sehr, sehr viel dem Ermessen, Verkehrssitte 2c. überlassen, z. B. B 138, 151, 157, 226, 242, 343, 626, 817, 826, 847, 1611, E B 30. — [A. L. R. Einl. § 6: keine Rücksicht auf ältere Aussprüche der Richter.] Thöl: Recht der Praxis. Hölder: Uebung der Gerichte wird Recht durch Anerkennung der Rechtsgenossen.

V. Juristenrecht, communis opinio doctorum. D 1, 2, 2, 12. Rezeption des Corpus iuris! [A. L. R. Einl. § 6: keine Rücksicht auf Meinungen der Rechtslehrer.]

§ 8. 5. Erkenntnis des Rechtes.

I. Quellenkritik: Feststellung des Daseins einer Rechtsnorm. a. höhere, diplomatische K. untersucht, ob überhaupt echt (Prüfung der Authentizität). Richterliche Prüfung in V U 106 für gehörig verkündigte kgl. Verordnungen untersagt; gilt aber nicht, wenn Reichsrecht und preußisches kollidieren.

b. niedere, Textkritik, Bestimmung einzelner Worte; Redaktionsfehler (Druckfehler, Flüchtigkeiten). — [Berühmt: Binding in M S 95 das Fehlen von „bis zu 5 Jahren, im Felde Gefängnis oder Festungshaft" entdeckt.]

II. Auslegung. — [Analogie ist induktiv, Auslegung deduktiv. — Interpretatio der römischen Juristen ist Fortbildung des ius civile.] Juristische Hermeneutik: Feststellung des Sinnes, Umfanges und Inhaltes eines Gesetzes. — Im B nichts allgemein, dagegen im 1. Entwurfe § 1. — Sprachgebrauch: „der andere" = Gegenkontrahent, „der dritte" = wer außer den beiden Kontrahenten in Frage kommt, „unverzüglich" = ohne schuldhaftes Zögern. Ueber „kann", „soll", „muß" ꝛc. s. w. o. S. 5 Nr. I. — B ist als ein neues, einheitliches Werk aufzufassen, nicht als Abänderung, Ergänzung des früheren Rechtes. — Dennoch — wie auch im früheren Rechte — für jede Arbeit, gleichviel ob praktisch oder theoretisch, Eingehen auf geschichtliche Entwicklung unbedingt erforderlich. — Auslegungsregeln für Willenserklärung B 133; für Verträge B 157. Schweigen des B giebt nur für Wissenschaft Raum, nie aber dem L.

Arten der Auslegung:

a. authentische, durch Rechtsquelle mit zwingender Kraft: 1. Legalinterpretation, durch Gesetz, z. B. B 90, 91, 92, 97; E B 2, 5; — 2. Usualinterpretation, durch Gewohnheitsrecht. [Uebung eines Gerichtshofes nur, wenn nicht contra ius clarum in thesi, und ferner, wenn Gewohnheitsrecht geworden.] Erklärung durch Minister, Abgeordnete, in Motiven ꝛc. ist niemals authentische A.

b. doktrinelle, durch Wissenschaft und Praxis: 1. grammatische, Auslegung der Gesetzesworte unter Berücksichtigung ihrer sprachlichen Bedeutung und des Satzgefüges. (Kommentar!) 2. juristische oder logische, aus den Umständen der Entstehung, ratio legis, occasio legis (S. C. Macedonianum), aus „Natur der Sache" (ein häßlich mißbrauchtes, abgedroschenes Flickwort). Bei zweifelhaftem Wortsinne: interpretatio stricta oder lata, bei absolut unklarem: nach Wahrscheinlichkeit (z. B. Zweck des Gesetzes). Logik steht höher als Grammatik, darf dieses Abhängigkeitsverhältnis aber nicht ausnutzen, um ihr Gewalt anzuthun.

c. Nach dem Umfange der ausgelegten Vorschrift gegenüber dem Wortlaute: 1. extensiv, nimmt mehr Thatbestände als eigentlich im Wortlaute enthalten scheinen. (Vgl. B 935 mit Artikel 306 des alten Handelsgesetzbuches.) — 2. restriktiv, . . weniger . . . [in fraudem legis! — argumentum e contrario.]

III. Analogie, Ergänzung über den Willen des Gesetzgebers hinaus, (im Gegensatze zu II c 1, welche nur über die Worte hinausgeht); da, wo Gesetzgeber unzweifelhaft nicht hat unterstellen wollen (z. B. Telephon); secundum rationem legis. — Rechtsanwendung auf gleichartige Thatbestände wegen Gleichheit (niemals Aehnlichkeit) des Grundes. — a. Gesetzesanalogie, im B nichts, aber im ersten Entwurfe § 1; einen Rechtssatz auf einen (andern) Fall anwenden, z. B. Telephon ebenso wie Telegraph behandeln. b. Rechtsanalogie, ein ganzes Rechtsinstitut oder Rechtssystem übertragen, z. B. B 581_2 (Vorschriften über Miete auf Pacht), B 515 (Kauf auf Tausch übertragen).

6. Herrschaftsgrenzen des bürgerlichen Rechtes.

§ 9. Nach Personen.

I. Besonderes Recht für römische Bürger, ius civile; für alle, ius gentium. — B gilt für alle; aber: a. nur für Deutsche, z. B. E B 9_1, 14, 15_1, 17_3, 18, 24_1 und $_2$; b. nur für Ausländer B 1315_2, E B 7_2 und $_3$, 8, 10, 23, 24_3, 25, 88; c. für Leute, die überhaupt keinem Staate angehören, E B 29.

II. Anwendung des Rechtes ausgeschlossen: D 1, 3, 31 princeps legibus solutus; (anfänglich nur gegenüber lex Julia). Heute für öffentliches Recht, V U 43, E Z 5, (vgl. Grundriß Band 8, S. 18); für bürgerliches nur insoweit, als nicht besondere Vorschriften der Hausverfassungen oder der Landesgesetze abweichende Bestimmungen enthalten (E B 57).

III. Exterritoriale: durchreisende Souveräne, fremde Regierungen, Gesandte ꝛc. (vgl. Grundriß Band 8, S. 18, 19), mit Erlaubnis durchmarschierende fremde Truppen, Kriegsschiffe.

IV. Sonderstellung des hohen Adels (E B 58); — [Handels-, Gewerbe-, Militärrecht; letzteres aber nicht gegenüber B].

§ 10. Nach Zeit.

I. Beginn, tempus regit actum, jeder lebt nach dem augenblicklich geltenden Rechte. Prinzipiell keine rückwirkende Kraft des neuen Rechtes, A. L. R. Einl. § 14; C 1, 14, 7. [Immerhin möglich, z. B. bei Aufhebung der Schuldhaft, Bundesgesetz vom 29. 5. 1868.] — Nachwirkung des alten Rechts: a. kraft Gesetzes, z. B. E B 158, 161; 178, — b. Judikatur muß erworbene Rechte, welche bei Aenderung der Gesetzgebung bereits vorhanden sind, schonen: iura quaesita (von Savigny, Lassalle).

II. Dauer; lex posterior derogat priori, lex posterior generalis non derogat priori speciali. — Vernichtung des Staates (z. B. Karthago; aber anders Gothen gegen Römer, deutsches Reich gegen Elsaß-Lothringen). — Desuetudo, Nichtkenntnis; — [anders: contraria consuetudo, Nichtanwendung trotz Kenntnis]. — Insbesondere enden Gesetze, wenn Zweck oder Zeit sich erfüllen, wenn sie also erlassen sind nur für einen bestimmten Fall, nur für bestimmte Verhältnisse, nur für bestimmte Zeit (z. B. Sozialistengesetz; E B 153 ff., Uebergangsvorschriften).

§ 11. Nach Raum.

I. B in dem Reichsgebiete, Kolonien, Konsulargerichtsgebieten.

II. Im Gegensatze zum absoluten Intoleranzprinzipe (inländischer Richter darf nur inländisches Recht sprechen) hat B das „internationale Privatrecht" (Zitelmann, Niemeyer, Barazetti); „Widerstreit der Rechtsnormen" (Dahn). — Statutenkollision keine Kollision, nur Frage, welcher der koordinierten Sätze anzuwenden. Recht greift über die Grenzen seines Gebietes wegen der comitas gentium über.

III. Historische und dogmatische Darstellung: Grundriß Band 13.

2. Kapitel.

Das Recht im subjektiven Sinne.

§ 12. Begriffe.

I. Recht im subjektiven Sinne ist eine vom Rechte im objektiven Sinne dem einzelnen verliehene Befugnis; (Hegel). Windscheid: Wollendürfen. von Jhering: Rechte sind rechtlich geschützte Interessen, Recht ist die rechtliche Sicherheit des Genusses. Brinz: rechtliche Machtvollkommenheiten. Jellinek: das durch Anerkennung menschlicher Willensmacht geschützte Gut oder Interesse. — Ueber „Anspruch" s. w. u. S. 32 Nr. V.

II. Rechtsverhältnis: vom Rechte geregeltes Verhältnis oder rechtlich wirksame Beziehung der für sich berechtigten Personen zu einander oder zu Rechtsobjekten. [von Savigny: die durch Rechtsregel bestimmte Beziehung zwischen Person und Person.] Einfache und zusammengesetzte Rechtsverhältnisse (Bierling). — Ius, D 1, 1, 12.

III. Rechtsinstitut: rechtlich geregelte Grundformen des Gemeinlebens. [Dernburg: rechtlich geregelte Einrichtungen der bürgerlichen Gesellschaft.] Z. B. Elterliche Gewalt, Eigentum, (nicht: Lehre vom Vorsatze, Fahrlässigkeit).

IV. Rechtssystem: logisch verbundene Rechtsinstitute. Gajus I § 8 (Inst. 1, 2, 12): omne autem ius quo utimur vel ad personas pertinet, vel ad res, vel ad actiones.

V. Einteilung der Rechtsverhältnisse, (Ausgang von der persönlichen Rechtsstellung des einzelnen): a. Vermögensrechte (dingliche — Forderungsrechte), b. Familienrechte (eigentliche — Vormundschaftsrechte), c. gemischte (durch Verletzung eines dinglichen Rechtes — actio in rem scripta), d. Erbfolgerechte (Vermögen — Familie).

VI. Persönliche (Forderungs-, Familien-) Rechte — dingliche; absolute (Status-, dingliche) Rechte — relative.

1. Abschnitt:

Rechtssubjekt.

A. Die natürliche Person.

§ 13. 1. Entstehung und Endigung.

I. Begriffe. Rechtssubjekt: der einzelne Mensch oder ein Verhältnis, um dessen Willen das Recht existiert; (Windscheid, von Jhering). — Kann Recht ohne Subjekt existieren? Zu unterscheiden: „Gebundenheit" und „objektiver Bestand der Rechte", (von Jhering, Bekker). — B 1914. — Rechtsfähigkeit: rechtlich garantierte Möglichkeit, Subjekt aller der Rechte und Verpflichtungen zu sein, die nach B zuerkannt werden (Endemann). B 1 ist zwingendes Recht. — Rechtsfähigkeit kommt zu: der natürlichen und der juristischen Person; nicht Tieren (Bekker: Stute Bellona), nicht Sachen (Mauern, Türmen); nicht der ruhenden Erbschaft; wohl aber Stiftungen B 80. [Aber nicht Grundstücken, Inhaberpapieren.] — „Person" nicht = Mensch, vielmehr der juristische Charakter, vermöge dessen der einzelne Mensch fähig ist, Inhaber von Privatrechten zu sein (Endemann). — Anders im Völkerrechte (Grundriß Band 13).

II. Entstehung. B 2: „mit der Vollendung der Geburt", d. h. Beendigung des Aktes, völlige Ausstoßung. [S: Beginn der Wehen.] Rechtsfähig nur der lebende Mensch, räumlich selbständig; auch der lebende Abort. [Anders: römisch D 1, 5, 14, aborsus. abortus, abactus; nicht monstra et prodigia, ebenso A. L. R. I 1, 17, sächsisches G. B. § 33.] „Monstra und Hermaphroditen — Leben nur im Reich der Mythen" (Cohn). — Beweis des Lebens: jedes Zeichen; [Proculianer: Schreien, dagegen Sabinianer und Justinian, C 6, 29, 3; deutsch: rechtsförmiges Beweismittel: Beschreien der 4 Wände, Augen zur Decke aufschlagen]; ist nur Kopf ausgetreten, genügt Schreien nicht. — Vitalität nicht erfordert; [ebenso römisch; anders deutsch und französisch]. Keine Präsumtion für Leben; [aber österr. B. G. § 23, wenn ausgetragen; französ. né viable, wenn $^1/_2$ Stunde gelebt; c. c. 725, 906.]

III. Besondere Bedeutung der Geburt B 1313. — Geburtsregister s. Reichsgesetz vom 6. 2. 1875 §§ 15, 17. — B 2317; D 25, 4, 1, 1; D 35, 2, 9, 1; D 50, 16, 161; C 6, 29, 3; agnatione postumi rumpitur testamentum. — D 1, 5, 7 auf den nasciturus wird Rücksicht genommen, quotiens de commodis ipsius partus quaeritur. B für Erbrecht und Alimentationsansprüche: B 844_2, 1912, 1923_2, 2108. — Lebensfortdauer B 1923_1, 2160. — Lebensvermutung für Verschollene bzl. Todeserklärung B 19, [Glossatoren: 100 Jahre; Menochius (Psalm 90, Vers 10): 70 Jahre]; so Endemann, anders Planck.

IV. Endigung: Tod; [römisch capitis deminutio maxima]. — Todeserklärung bei Verschollenheit, B 13, Z 960 bis 976 [preuß. Ausf.-Ges. z. alten Civilpr.-O.]. Verschollen: der mindestens 31 Jahre alte Mensch, über dessen Leben seit 10 Jahren keine Nachricht eingegangen ist; bei einem 70jährigen seit 5 Jahren. Gezählt seit der letzten Nachricht. Besondere Fälle: Kriegs- (B 15), See- (B 16), Gefahrverschollenheit (B 17). (Fictio legis Corneliae, ius postliminii. — Deutsch-gemein: für Todeserklärung hinsichtlich Dauer der Verschollenheit zwei Systeme; a. sächsisches: wenn Verschollener 70 Jahre alt; b. schlesisches: Verjährung seit letzter Kunde. Ediktalien des Gerichts.]

V. Wirkung der Todeserklärung: für und gegen alle. B 18_1 deklaratorische Natur des Ausschlußurteils (ex tunc, nicht ex nunc. B 1348 bis 1352, 1420, 1679, 2031, 2370. — Lebensvermutung s. w. o. unter III. — Kommorientenpräsumtion B 20: gleichzeitig; [römisch: mündige Kinder nach den Eltern, vor den Eltern die unmündigen.]

2. Verschiedenheiten ihrer rechtlichen Stellung.

§ 14. a. In der allgemeinen Rechtsgemeinschaft.

I. Freiheit; heute jeder. — Römisch: liberi, liberti, servi; Verlust der Freiheit (maxima capitis deminutio): Geburt, Kriegsgefangenschaft, Strafe; Erwerb der Freiheit: manumissio (in iure cessio ält. R.), Sct. Silanianum zur Belohnung. -- [Liberti — libertini; patronus; Ingenuität: ius aureorum anulorum, natalium restitutio.] Deutsch: Knechtschaft, Leibeigenschaft.

II. Staatsangehörigkeit. E B 31, 88, B 1315_2 für Ausländer. — Für Inländer gemeinsames Reichsindigenat. [Ursprünglich römisch und deutsch: Ausländer völlig rechtlos. Cives — peregrini; Erwerb der Zivität: Geburt, Verleihung cum et sine suffragio, Besonderes für Latini; Verlust, media capitis deminutio: Strafe, Eintritt in colonia Latina. — Deutsch: Rechtsschutz nur auf sibja = Geschlecht = Friede; Wildfangsrecht, ius albinagii, Abschoß, gabella hereditaria, — emigrationis.] Ausländer mit Grundbesitz im deutschen Reiche heißen Forensen; landsassiatus plenus, — minus plenus.

III. Ehre: Wertschätzung einer Person; innere — äußere; bürgerliche Anerkennung der Rechtspersönlichkeit des einzelnen im Staate. a. Wem strafgerichtlich bürgerliche Ehrenrechte aberkannt sind [S 34 Unfähigkeit], ist untauglich: B 1694, 1781_4, 1792_4, 1866_2, 1915, 2237_2, 2249. — b. Wer nach S 161_1 dauernd unfähig ist, als Zeuge oder Sachverständiger eidlich vernommen zu werden: B 2237_3. — c. Ehrloses und unsittliches Verhalten: B 1568, 1666, 2333_5. [Römisch: α. turpitudo, β. infamia iuris, und zwar: immediata bei Ehebruch, Doppelehe, unehrenhaftem Berufe; mediata infolge Verurteilung wegen furtum, rapina, iniuria, dolus sowie aus actiones famosae. — Nicht rezipiert; Dahn: „was ein Volk für entehrend hält, läßt es sich nicht von der Moral und Rechtsanschauung einer andern Nation und Zeit diktieren." — Deutsch: Friedlosigkeit, Rechtlosigkeit, Ehrlosigkeit; Anrüchigkeit (Unehrbarkeit), Bescholtenheit.]

§ 15. b. In der Familie.

I. Hausunterthänigkeit. Römisch: homines sui iuris — alieni iuris, pater familias ist sui iuris. In patria potestas sind liberi und uxor in manu; in dominica potestas die servi, [der im mancipium sich Befindende ist servi loco]. Absichtlicher Verlust der Agnation, capitis deminutio minima: durch arrogatio, adoptio, emancipatio. — Deutsch: emancipatio Germanica (Saxonica), ferner: „Heirat macht mündig." — B: mit Volljährigkeit.

II. Verwandtschaft, s. Grundriß Band 4 und 5.

III. Schwägerschaft, s. Grundriß Band 4 und 5.

§ 16. c. Infolge individueller Verhältnisse.

I. Geschlecht. Für Zwitter D 1, 5, 10; B nichts. — Frauen, römisch: in manu; weibliche Rechtswohlthaten (Interzession), beseitigt durch altes H. G. B. a. 6 und Gew.-O. § 11; ebenso B. Deutsch: lebenslänglich in Munt. In B gleichgestellt, B 1781, 1866; Z 50_1, 52_2. — Schutz durch Vormundschaftsgericht B 1357, 1358; vgl. B 1353, 1354. — Ehemündigkeit, Trauerjahr.

II. Alter s. w. u. S. 23 Nr. III und ferner Grundriß Band 4.

III. Religion. Römisch: seit Konstantin Benachteiligung der haeretici, apostatae, Juden, pagani. Deutsch: „das Reich ist der Christenheit;" Juden rechtslos, Judenschutz, privilegia onerosa. Deutsche Bundesakte Artikel 16: den Juden das Maß von Rechten, welches ihnen von (nicht „in", wegen der französischen Emanzipation, um sie jetzt schlechter zu stellen,) den deutschen Staaten gewährt worden war. — Bundesgesetz vom

3. Juli 1869. — Religion für B, auch bei Eheschließung und -scheidung, bedeutungslos; aber B 1801. — Für Kindererziehung, Patronat, Kirchenstühle, Begräbnisplätze, E B 132 bis 134, ist nach L die Religion von Einfluß. — B 1588.

IV. Körperliche Zustände, z. B. Blindheit (Testament); [auf dem Siechbette nicht die Fahrhabe vergeben]. — Pflegschaft B 1910. —

V. Geistige Gebrechen s. w. u. S. 23 Nr. III, S. 24 Nr. IV.

VI. Wohnsitz B 7_1, der als dauernd gewollte Mittelpunkt der Thätigkeit. Begründung: thatsächliche Niederlassung und dahin gerichteter Wille. Aufhebung: Fortfall der Niederlassung und dahin gerichteter Wille. Eine Person kann mehrere Wohnsitze haben. Beschränkt oder nicht geschäftsfähige Personen: Willen des gesetzlichen Vertreters. — Besondere (gesetzliche) Wohnsitze: Militär B 9; 7 und 8; Ehefrau B 10, aber B 1354; Kinder B 11.

VII. Stand. Römisch: Geburt nach ius naturale Ebenburt mit Mutter; nach ius civile, wenn im iustum matrimonium, mit Vater. Deutsch: Souveräne, hohe Adel. E B 57, 58. — Insbesondere Klosterpersonen: nach Nov. 5 c. 5, c. 26 X 3,55 und gemeinem Rechte vermögensunfähig, im Prozesse daher nicht parteifähig. Nach A. L. R. II 11, 1199, für weltliche Geschäfte als verstorben. Beschränkungen heute nur für unentgeltlichen Erwerb E B 87, dazu B 184, 2043. — Standesmäßiger Unterhalt B 528, 829, 1578, 1603, 1610; standesmäßige Beerdigung B 1968.

VIII. Beruf. Handels-, Gewerbe-, Seerecht. Im B besondere Vorschriften z. B.: bei Militärpersonen B 411, Beamten B 839, Geistlichen B 1784, Lehrern an öffentlichen Unterrichtsanstalten B 570, Konsuln E B 38.

B. Die juristische Person.

§ 17. Begriff.

I. Organisation mit selbständiger Rechtsfähigkeit; Rechtssubjekt, ohne natürliche Person zu sein.

II. Erklärungsversuche. 1. Fiktionstheorie, auf Grund von D 1, 5, 2, Postglossatoren, von Savigny; dagegen: enthalte Widerspruch, denn Nichtvorhandenes könne keine Rechte haben. 2. von Ihering: mechanischer Rechtsträger, Aftersubjekt, damit die einzelnen Beteiligten besser genießen; dagegen: zu sehr wie Gesellschaft. 3. Brinz: Zweckvermögen, subjektlose Rechte, niemand gehörendes, aber gewissen Zwecken dienendes Vermögen; dagegen: juristische Person auch ohne Vermögen. — Demelius: ebenso; aber: juristische Person erst, sobald in Vermögensbeziehung. 4. Dernburg: keine Fiktion, sondern Vorstellung, welche das Wirkliche einem ihm entsprechenden Begriffe unterstellt. 5. Theorie der realen Verbandspersönlichkeit: soziale Organismen sind wirkliche Wesen, zwar nicht für unsere Sinne körperlich faßbar, aber vorhanden; Beseler, Bluntschli, Gierke, Cosack, Regelsberger, Zitelmann.

III. Arten. Römisch: universitas, civitas, Priesterkollegien, societates publicanorum, collegia sodalicia, piae causae. Deutsch: Genossenschaft mit Gesamteigentum, deutschrechtliche Genossenschaft; (Gütergemeinschaft? Almännde). Heute: Verein (vom Rechte zur Einheit zusammengefaßte Personenmehrheit), Stiftung (Vermögen, dessen Ertrag zu bestimmten dauernden Zwecken dient), juristische Personen des öffentlichen Rechts (B 89), Anstalt (öffentliche Einrichtung zur Verfolgung gemeinnütziger Ziele).

IV. Universitas — societas; Verein — Gesellschaft mit Vermögen; [im B nicht gedacht an Innengesellschaft, wo nur einer das Vermögen haben soll]. B 54; Z 17, 22, 50_2, 735. — Gesellschaft ist Rechtsverhältnis B 705 bis 740; Z 59, 736; rechtsfähiger Verein ist Person; weitere Unterschiede: Mitgliedschaft, Vermögen, Parteifähigkeit, Beschlußfassung, Vertretung.

V. Vereine: rechtsfähig — nicht rechtsfähig, wirtschaftlich — nicht wirtschaftlich (ideal), eingetragen — konzessioniert.

§ 18. Vereine.

I. Wirtschaftliche Vereine. Entstehung: a. nach B Konzessionssystem, ausländische B 23; b. besondere reichsgesetzliche Vorschriften, H, Kolonialg., Erwerbs- und Wirtschaftsg., G. m. b. H., Hilfskassen, Innungen, Krankenkassen, Berufsg.; c. nach L Deich-, Wald-, bergrechtliche G. — Sitz: wo Verwaltung geführt wird; Z 17. — Verfassung besteht aus B 26 bis 53, sodann Satzung. — Vorstand B 26 bis 31,

„muß“ sein, notwendiges Organ. — Mitgliederversammlung B 32 bis 37, nicht notwendig; Beschlüsse auch durch schriftliche Zustimmung aller. — Mitgliedschaft B 38, 39.

II. Nicht wirtschaftliche Vereine: System der Normativbestimmungen. Eintragung B 55 in das beim Amtsgerichte des „Sitzes“ geführte Register. Erfordernisse für: a. Satzung; „muß“: Zweck, Namen, Sitz, Eintragungsabsicht; „soll“: mindestens 7 Mitglieder, Name deutlich von andern im Bezirke unterschieden, Ein- und Austritt, Beitrag, Vorstandsbildung, Einberufung der Versammlung, Protokollführung. — b. Anmeldung: in öffentlich beglaubigter Erklärung, Beifügung datierter und von mindestens 7 Mitgliedern unterzeichneter Satzungsurkunde nebst Abschrift, Abschrift der Urkunden über Vorstandsbestellung. — [Satzungsänderung B 71.]

Verfahren bei Eintragung: a. Prüfung; (bei Inkorrektheit motivierte Zurückweisung B 60, dagegen sofortige Beschwerde Z 567); b. bei Zulassung der Anmeldung Mitteilung an Verwaltungsbehörde, welche innerhalb 6 Wochen Einspruch erheben kann: wenn Verein öffentlich rechtlich unerlaubt ist, verboten werden kann, politisch, sozialpolitisch, religiös; c. wenn in 6 Wochen kein Einspruch: Eintragung, Bekanntmachung, Rückgabe der Satzung; (Vereinsname jetzt Zusatz: eingetr. V.); d. wenn Einspruch, dann stellt Amtsgericht diesen an Vorstand zu; dagegen Verwaltungsstreitverfahren (nach L, wo es besteht) oder Rekurs (Gewerbe-O. §§ 21, 22); ev. dann wie nach c. —

Vereinsregister. Inhalt B 64, Anmeldungen in öffentl. begl. Erkl. B 77. — Register völlig öffentlich (auch die anliegenden Schriftstücke); jeder kann Abschrift verlangen, auf Wunsch Beglaubigung.

Vorstand B 67 bis 70; Ordnungsstrafen B 78; muß dem Amtsgerichte auf Wunsch jederzeit Mitgliederverzeichnis einreichen.

III. Ende im allgemeinen: 1. Auflösung durch Beschluß B 41; 2. Verlust der Rechtsfähigkeit a. durch Konkurseröffnung oder b. durch Entziehung (B 43; B 44). [Vermögensanfall bei 1 und 2b: 1. an die in Satzung bestimmten Personen; 2. an andere, nämlich α. an satzungsgemäß durch ein Organ zu bestimmende Berechtigte, β. insbesondere bei nicht wirtschaftlichen V.: durch Beschluß der Mitgliederversammlung an öffentliche Stiftung oder Anstalt; 3. an Mitglieder, wenn Verein satzungsgemäß ausschließlich für deren Interessen; sonst 4. an Fiskus. — Rechtsfolgen des Anfalls: a. bei 4: B 1936; b. in allen anderen Fällen Liquidation B 48 bis 53.]

IV. Ende des eingetragenen Vereins: 1. Auflösung durch Beschluß oder 2. Zeitablauf; [öffentl. begl. Anmeldung, bei 1. Beschlußabschrift beifügen.] 3. Auflösung auf Grund des öffentlichen Rechtes: Eintragung auf Anzeige der Behörde. 4. Verlust der Rechtsfähigkeit: a. B 43, b. Konkurs: Eröffnung von Amtswegen eintragen. [Für Liquidation B 76.]

§ 19. Stiftungen.

I. Entstehung: Stiftungsgeschäft und Konzession; (im Notfalle durch Nachlaßgericht einholen).

II. Widerruf: a. unter Lebenden, bis zur Erteilung der Genehmigung; wenn schon bei Behörde nachgesucht, bei dieser widerrufen. b. von Todeswegen: Erbe nicht befugt, wenn Stifter Gesuch bei zuständiger Behörde bereits eingereicht oder den beurkundenden Richter oder Notar mit Einreichung betraut hat.

III. Fiktion: Die nach dem Tode des Stifters entstandene Stiftung soll für dessen Zuwendung als im Erbfalle vorhanden gelten. [Dieselbe Notlüge wie beim nasciturus.] B 1923_1, 2101.

IV. Vermögensunterlage B 82, Erwerbsbeschränkungen E B 86; Form der Stiftungsurkunde unter Lebenden Schriftlichkeit. — Verfassung besteht aus: 1. Reichsrecht (B 86), 2. L (Ausführungsgesetze), 3. Stiftungsurkunde, (-geschäft).

V. Aenderung des Zwecks B 87, Aufhebung B 87; Vermögen an die in Verfassung (nicht etwa im Stiftungsgeschäfte bloß) genannten Personen.

2. Abschnitt:

Rechtsobjekt.

§ 20. Begriff und Arten.

I. Was Gegenstand von Rechten sein kann. Früher: körperliche Sache (vermögenswertes Stück der vernunftlosen Natur) und unkörperliche Sache (Rechte, Sachgesamtheit, geistiges Eigentum). Heute B 90 Sache = körperlicher Gegenstand; aber

B 96, 435, 437, 1035, 1068, 1085, 1273. — [Im B Gegenstand = Sache und Recht.]

II. Vertretbar B 91, quae pondere numero mensura constant, [res fungibiles von Ulrich Zasius 1526]. Gegensatz: species, certum corpus. — Vertretbar: Geld, Holz, Obst, Getreide.

III. a. Verbrauchbar B 92, quae usu consumuntur. — b. Abnützbar, quae usu minuuntur. — (a: Bier, Brot, Kohle; b: Kleid, Bett, Stiefel.)

IX. Einfach, res singulae. — Zusammengesetzt, universitates rerum cohaerentium, facti — iuris. [Res succedit in locum rei etc.]

V. Beweglich, res mobiles, unbeschadet ihres Gehaltes und ihrer Form wegbringbar. [Deutsch: „was die Fackel verzehrt, ist Fahrnis," auch Holzgebäude, errungene Liegenschaften, Forderungsrechte.] mobiles = „getragenes Gut;" sese moventes = „getriebenes". — Unbeweglich, immobiles, Ortsveränderung unmöglich ohne Veränderung oder Verminderung an Form oder Substanz. [Deutsch: Harnisch, Waffen, Geschütz, Gutsinventar, ungeprägtes Gold und Silber, ererbte Liegenschaften, Realrechte.] B 1551.

VI. Teilbar in reelle Teile nur, wenn derart zerlegbar, daß Art und Wert der geteilten Sache in den Teilen fortlebt; z. B. Grundstücke, Seide, Tuchstoffe, Erzklumpen, Häuser nur senkrecht. — Unteilbar; (z. B. Familienrechte). — Rechte teilbar, wenn ihr Gegenstand teilbar, z. B. Geldforderung.

§ 21. Sache und Rechtsverkehr.

I. Haupt- und Nebensache. [Römisch: accessio; — Pertinenz.]

1. Bestandteile: mit einander eng verbundene Teile einer zusammengesetzten Sache; teilen notwendig das rechtliche Geschick der Sache. — Wesentliche: B 93; — bei Grundstücken B 94 bis 96. — [Accessio cedit principali.] — Licht im Leuchter? (Eck.) — Beweglich oder unbeweglich.

2. Zubehör (B 97): bewegliche Sache, selbständig bleibend, einer Hauptsache dienend und zu ihr in räumlicher Beziehung, gemäß der Verkehrsanschauung. — Nicht Zubehör, wenn nur vorübergehend für den Zweck der Hauptsache. — Nur vorübergehende Trennung schadet nicht. — B 98. — Folgt nur

vermutlich der rechtlichen Bestimmung der Hauptsache; Sonderrechte an Zubehör möglich; leicht von Hauptsache trennbar (Parteiwillen). — Kein wechselseitiger Zubehör, z. B. Messer und Gabel.

3. **Früchte**: der bestimmungsgemäß aus einer Sache gewonnene Vorteil. a. Natürliche Früchte (Produkte der Organismen, welche die Gattung erhalten; Samen, Eier, Junge); i. w. S. alle organischen Erzeugnisse (Blätter, Stroh, Haare); schließlich jeder Ertrag ohne Substanzverlust (außer: Gebrauchswert). [Fructus industriales: erst infolge menschlicher Arbeit, z. B. Edelobst.] b. Zivilfrüchte: von Sachen (z. B. Haus) durch Rechtsverhältnis (z. B. Miete, Pacht ɩc.); c. Früchte eines Rechtes: bestimmungsgemäß erworbene Ausbeute auf Grund eines Nutzungsrechtes (Quasibergbau, Abbaugerechtigkeit; anders A. L. R. I 21, 37 und 39).

Ungetrennte Früchte: Bestandteile (dem Eigentümer). [Deutsch: selbständige Sachen; Z 810, 824.] — Fructus stantes, pendentes. — F. separati — percepti; — percipiendi. — Nutzungen B 100; nicht immer = Früchte, B 2184. — Verteilung B 101; Kosten und Lasten B 102, 103.

II. Alle Sachen gewöhnlich **rechtsfähig** (fähig, im Eigentume einzelner zu stehen) und **verkehrsfähig** (Gegenstand des Austausches zu sein). Aber unfähig: a. aus natürlichen Gründen [D 1, 8, 2, 1: áer aquá profluéns et mar' ét per hoc lítora máris,] res naturali iure omnium communes. b. beschränkt durch ihren Zweck: α. divini iuris (Kirchen, Altäre); β. publicae, Staatsgut ɩc. (Wald, Grundstücke), Staatsvermögen (Regierungsgebäude, Postanstalt, Festungswerk, Rathaus), Gegenstände zum Gemeingebrauche (Wege, Brücken, Wasserstraßen); γ. durch Rechtssatz vom Verkehre ausgeschlossen (Sprengstoff, libri prohibiti, Nahrungsmittel). [Deutsch: befriedete Sachen, durch erhöhten Rechtsschutz geschirmt; Tempel, Hain, Herde ohne Hirten.]

3. Abschnitt:

Die Rechte in ihrer Entwickelung.

§ 22. 1. Allgemeines.

I. **Juristische Thatsachen**: äußere Vorgänge, welche die Rechte in ihrem Bestande beeinflussen; sie sind daher Voraussetzungen bestimmter Rechtswirkung. — Einteilung: a. Ereignisse, b. Handlungen.

II. Thatbestand: Summe der vom bürgerlichen Rechte gemachten Voraussetzungen für Herbeiführung eines rechtlichen Erfolges.

III. Welchen Handlungen eine Rechtswirkung zukommt, bestimmt die Rechtsordnung. Einteilung: a. Rechtsgeschäfte (vom Rechte anerkannt, subjektiv gewollt), b. Handlungen mit Folgen ohne Rücksicht auf den Willen des einzelnen (unerlaubte, s. Band 2 des Grundrisses; ferner gewisse erlaubte H., z. B. B 7,950), c. Unterlassungen, wo eine Pflicht zum Handeln besteht, z. B. B 42_2, 284, 293, 832, 834. [Nicht juristische Handlungen: z. B. Aufstellung eines Haushaltbudgets, Verabredung zu einer Kneipe, Rendezvous mit der Geliebten.]

IV. Ereignisse; Wirkung ipso iure. Beispiele: Geburt, Alter, Tod, Unfall, Zeitablauf. — Insbesondere die Zeit: Frist, Zeitraum, Termin. Bedeutung für Verjährung (s. w. u. S. 31.) und Ersitzung (s. Band 3 des Grundrisses). Bestimmung und Berechnung B 187 bis 193. — [Zivil-, Naturalkomputation.]

V. Subjektive Rechte, entstanden aus Thatbestand (w. o. II). a. Arten des Erwerbs: originär, ein neues Recht, z. B. B 937, 958, 984; — derivativ, ein bestehendes Recht wird übertragen (Singular-, Universalsuccession), z. B. B 873; konstitutiv, Bestellung eines neuen Rechtes aus dem Inhalte eines vorhandenen Rechtes, z. B. Hypothek. — b. Unübertragbarkeit B 38, 514, 717; besonders B 399. — Unvererblichkeit B 520, 727, 759. — c. Untergang: Anfechtung, Bedingung, Termin; Untergang der Sache; Veräußerung, Aufgabe; Verzicht; Vereinigung.

2. Handlungen.

§ 23. Geschäftsfähigkeit.

I. Früher: Handlungsfähigkeit = Geschäftsfähigkeit + Deliktsfähigkeit; heute Trennung, weil zu ungleichartig. (Ueber Deliktsfähigkeit s. Band 2 des Grundrisses.)

II. Geschäftsfähig: wer Willenserklärungen mit Rechtswirksamkeit abgeben oder empfangen kann, selbständiges Rechtssubjekt bei rechtsgeschäftlichen Vorgängen. — Verhältnis zur Rechtsfähigkeit. [Brinz: Rechtsfähigkeit ist etwas von Handlungsfähigkeit.]

III. Geschäftsunfähig: a. Kind bis vollend. 7. Lebensjahr; b. B 104_2, gleichviel ob entmündigt oder nicht; c. der entmündigte Geisteskranke, lucida intervalla unberücksichtigt;

— d. gleichgestellt B 105_2. — Rechtsfolgen: Willenserklärungen, die sie abgeben, nichtig; können solche nicht bei empfangsbedürftigen Rechtsgeschäften empfangen. Besonderes B 206, 939, 1325, 1676; B 130, 153, 672.

IV. Beschränkt geschäftsfähig: a. jeder Minderjährige zwischen 7 und 21, (außer α. für volljährig erklärt, β. w. o. III b c d); b. entmündigter Geistesschwacher; c. entmündigter Verschwender; d. entmündigter Trunkenbold; e. wer gemäß B 1906 unter vorläufiger Vormundschaft. — Rechtsfolgen: können selbständig Rechtslage verbessern, aber nur mit Einwilligung des gesetzlichen Vertreters verschlechtern; insbesondere: a. Verträge: negotium pendet; [gemeinr. negotium claudicans, anderer Teil gebunden, bis ges. Vertr. entschieden hat,] anderer Teil kann widerrufen, jedoch vgl. B 109_2, Erklärung d. Widerr. auch dem beschränkt Geschäftsfähigen gegenüber; Erklärungsfrist d. ges. Vertr. B 108; — b. einseitige Rechtsgeschäfte: nichtig, wenn ohne Einwilligung; — c. Testamentserrichtung, von 16 ab, B 2229; — d. Eheschließung B 1304, 1331; — e. B 8, 206, 939, 1676.

V. Ausnahmen von der Beschränkung der Geschäftsfähigkeit: Taschengeldparagraph B 110; selbständiger Betrieb eines Erwerbsgeschäftes B 112 mit Ermächtigung d. ges. Vertr. nach Genehmigung des Vormundschaftsgerichtes, [außer in solchen Fällen, wo Vertr. selbst Genehmigung d. Vger. braucht]; Dienst- und Arbeitsverhältnis mit Ermächtigung des ges. Vertr.

VI. Altersstufen s. Band 4 des Grundrisses. — B 2 (Reichsges. v. 17. 2. 1875). — Vier Voraussetzungen der Volljährigkeitserklärung: vollendetes 18. Lebensjahr, Einwilligung des Minderjährigen, Einwilligung des Gewalthabers (außer: a. wenn dem Gewalthaber weder Sorge für Person noch Sorge für Vermögen des Kindes zusteht; b. wenn es sich um eine minderjährige Witwe handelt), schließlich „soll": das Beste des Minderjährigen befördern.

VII. Entmündigung B 6: a. Geisteskranke oder Geistesschwache, welche ihre Angelegenheiten nicht zu besorgen vermögen; b. Verschwender, die sich oder ihre Familie der Gefahr des Notstandes aussetzen, B 228, 904, S 54; c. Trunksüchtige, wenn wie a oder wie b oder wenn sie die Sicherheit anderer gefährden. — Mit Beschluß fängt an; Beschluß hebt auf. Z 645 bis 687.

§ 24. Handlungen durch andere.

I. Stellvertretung im Willen zu unterscheiden von St. in der Erklärung (Windscheid); Stellvertreter für spezifisch-juristische Handlung, Gehilfe für faktische Dienstleistungen (von Jhering). „per liberam personam acquirere — ministerium tantummodo praestare," D 13, 5, 15; 3, 1, 1, 1.

II. Bote nicht Stellvertreter: inter absentes contrahi potest et per nuntium et per litteras D 18, 1, 1, 2. — Mäkler, Agent, Notar.

III. Direkte (unmittelbare) — indirekte (mittelbare) Stellvertretung. a. direkte: für fremde Rechnung, in fremdem Namen; b. indirekte: für fremde Rechnung, in eigenem Namen. [Römisch: ursprünglich nur indirekte; aber Hauskinder, Sklaven; Prozeßprokuratur; actiones adjecticiae qualitatis: quod iussu, de peculio, exercitoria, institoria, tributoria, de in rem verso. Deutsch und kanonisch: gegen direkte; erst im späteren gemeinen Rechte wird direkte anerkannt.]

IV. Im B „Stellvertretung" nur unmittelbare; Repräsentationstheorie (Buchka, Laband, Schloßmann): Stellvertreter ist wahrer Kontrahent, wirkt aber im Geschäftsherrn; Fiktionstheorie Windscheids: Willenserklärung d. Vertreters wird gedacht als solche d. Vertretenen; von Savigny, Dernburg: Geschäftsherr Kontrahent; Mitteis: Vertreter und Vertretener handeln.

V. Arten: gesetzliche [Vater, Mutter, Ehemann, Vormund, Pfleger, Beistand, Testamentsvollstrecker, Gesellschafter] und gewillkürte St. — B 165 läßt auch beschränkt Geschäftsfähige als Vertreter zu, nicht nur Minderjährige; (anders Endemann wegen B 1780, dieser § handelt aber nur vom Vormunde). Wirkung B 164, 166.

VI. Vertretung grundsätzlich gestattet; Ausnahmen z. B. Eheschließung, Testament, Erbvertrag. — Kontrahieren mit sich selbst verboten B 181, ev. nichtig; ausgenommen: soweit Rechtsgeschäft ausschließlich Erfüllung einer Verbindlichkeit ist, z. B. Vormund kann sich aus Mündelvermögen bezahlt machen.

VII. a. Vollmacht: die durch Rechtsgeschäft erteilte Vertretungsmacht. Inneres Verhältnis, gewöhnlich Auftrag, aber nicht immer, z. B. stillschweigende Vollmacht für Gutsinspektor, ferner gesetzliche des Vaters 2c. sind ohne Auftrag (Laband). Aeußeres Verhältnis (Legitimation gegen Dritte.) b. Vollmacht einseitige, nicht empfangsbedürftige, autoritative Erklärung, B 172. — Im übrigen B 166 bis 176.

VIII. Handeln ohne Vertretungsmacht: wenn keine oder nur nichtige oder anfechtbare Vollmacht. B 177 bis 180.

3. Rechtsgeschäfte.

§ 25. Begriff. Arten. Auslegung.

I. von Savigny, Windscheid: eine auf Hervorbringung einer rechtlichen Wirkung gerichtete Privatwillenserklärung; Motive und Protokolle: R'sg. im Sinne des B ist eine Privatwillenserklärung, gerichtet auf Hervorbringung eines rechtlichen Erfolges, welcher nach der Rechtsordnung deshalb eintritt, weil er gewollt ist. — Notwendig: Absicht, einen (den!) Erfolg hervorzubringen. — Rechtsgeschäft = Willenserklärung??

II. Partei: Rechtssubjekt des Geschäftes; sind mehrere, dann Partei das oder die Rechtssubjekte, die auf einer Seite sind.

III. Einteilung: a. einseitige und b. zweiseitige. Unterschied: zu a. Inhalt und Wirkung nur durch eine Partei, keine Zustimmung des anderen; zu b. (Verträge) zwei Parteien, deren Erklärungen übereinstimmen.

IV. Nur „einseitige" Rechtsgeschäfte; B 143_4: „einseitiges Rechtsgeschäft anderer Art"; z. B. Auslobung, Besitzerwerb, Aneignung, Erbschaftsantritt, Verfügung von Todeswegen (außer Schenkung, Verträgen).

V. Empfangsbedürftige (Zitelmann) einseitige Rechtsgeschäfte; „Willenserklärungen, die einem andern gegenüber abzugeben sind" B 143_3. [Deutsch: man haftet im Worte, das der Gegner in Händen hält, (Siegel).] Beispiele: Kündigung, Mahnung, Rücktritt vom Vertrage, Schenkungswiderruf. — Antrag und Annahme nicht zwei einseitige, sondern Elemente eines zweiseitigen Rechtsgeschäftes.

VI. Verträge. D 2, 14, 1, 1: est pactio duorum pluriumve in idem placitum consensus. Beispiele: Kauf, Auflassung, Annahme an Kindesstatt, Erbvertrag. Einteilungen: einseitig-verpflichtende, unilaterales, Darlehn; beiderseits-verpflichtende, bilaterales, und zwar: notwendig-beide-verpflichtend, aequales, synallagmatisch, z. B. Kauf, — oder nicht-notwendig-beide-verpflichtend, z. B. Auftrag. [Häufig wird inkorrekt gesagt: „einseitiger Vertrag" statt „einseitig verpflichtender" Vertrag.] Verträge unter Lebenden, inter vivos; von Todeswegen, mortis causa. — Entgeltliche, unentgeltliche, gemischte Verträge.

VII. Erfordernisse: essentialia, naturalia, accidentalia negotii.

VIII. Auslegung B 133, 157; nachgebildet dem code c. art. 1135, 1156, ferner alt. H. G. B. Artikel 278.

§ 26. Wille und Erklärung.

I. Willenstheorie (von Savigny, Windscheid): ausschließlich maßgebend der wahre Wille, bei Beweis der unrichtigen Erklärung Nichtigkeit.

II. Erklärungstheorie (Kohler, Leonhard): ausschließlich maßgebend die abgegebene Erklärung.

III. Vertrauens-, Verkehrs-, Läsionstheorie (Dernburg, Regelsberger): bei jedem Zwiespalt Nichtigkeit, nur dann Gültigkeit, wenn Empfänger die Erklärung für Ausdruck des wahren Willens halten konnte oder mußte. — Unterschied: bei lukrativen Willensth., bei Verkehrsgeschäften Vertrauenstheorie.

IV. Im B: Rücksicht auf „Treu und Glauben", aber auch auf „wirklichen Willen"; B 157 und B 133.

V. Interesse. a. positives Vertrags- oder Erfüllungsinteresse: Vorteile, welche ein am Rechtsgeschäfte Beteiligter bei gehöriger Erfüllung erlangen würde; b. negatives Vertragsinteresse (culpa in contrahendo, von Jhering): Schaden, den man dadurch erleidet, daß man sich überhaupt auf das — nicht zustande gekommene — Geschäft eingelassen hat.

VI. Form: Schrift, gerichtliche (notarielle) Beurkundung, öffentliche Beglaubigung. — Gesetzliche, vertragliche Form. — Formverletzung B 125 bis 129.

VII. Zugehen des Antrages; Antrag ist bindend, B 145; [ebenso altes H. G. B. a. 319, A. L. R. I 5, 90; anders gemeinr.] Bindung mit Zugang. — Annahme; konkludentes Schweigen; veränderte Annahme = neuer Antrag. — Rechtsanwalt, Kaufmann. — Vgl. noch B 130 bis 132.

§ 27. Unwirksamkeit.

I. Gültig, wenn Wille und Erfolg konform; ungültig, wenn der gewollte Erfolg durch Fehler vereitelt ist (unwirksam).

II. Voraussetzungen für Verwirklichung eines Rechtsgeschäftes: Geschäftsfähigkeit, Verität des Willens, Freiheit des Willens, Einhaltung der Form, Erfüllung der besonderen Voraussetzungen.

III. Nichtigkeit, wenn Mangel derart, daß gewollter Erfolg überhaupt nicht eintritt, B 139; teilweise N., Konversion, Bestätigung. — Anfechtung, wenn Erfolg, welcher zwar vorhanden ist, nur dann von Bestand sein soll, so Anfechtungsberechtigter nichts dagegen hat; B 142 bis 144.

IV. Mentalreservation (Thomas Sanchez † 1610: „vor meiner Geburt"): B 116 Erklärungstheorie; kannte der andere sie aber, dann nichtig; [außer wenn Eheschließung].

V. Schein; quáe non súnt simuló; quae súnt ea díssi — muluántur. Scheingeschäfte, verdeckte (z. B. wegen Stempeldefraude), fiduziarische (gehen über erklärten Willen hinaus, z. B. stilles Prokuraindossament). B 117 Schein: nichtig.

VI. Ohne Ernst („guter" Scherz, Unterricht, Prahlerei, Theater, Vortrag): Willenstheorie B 118, nichtig; ev. Ersatz B 122.

VII. Irrtum bezw. unrichtige Uebermittlung; B 119, 120. — Im B wird beachtet Irrtum über den Inhalt der eigenen Erklärung (Verkäufer macht Preis für Dutzend, glaubt, dies sei 10 Stück), über die Erklärungshandlung (verschreibt sich: statt 213 . . . 231), über Eigenschaften einer Person oder Sache; aber nur dann beachtet, wenn er wesentlich ist, d. h. den Bestand des Rechtsgeschäftes völlig ändern würde. — Anfechtung: unverzügliche Erklärung; B 121, 122.

VIII. Zwang (Drohung) arglistige Täuschung: Anfechtung; B 123, 124.

IX. Verstoß gegen gesetzliches Verbot B 134, Veräußerungsverbot B 135 bis 137; gegen gute Sitten B 138; Wucher B 138_2. Vgl. ferner B 139 bis 144.

§ 28. Beeinflussung der Wirkung.

I. Bedingung: eine willkürliche Hinzufügung zum Rechtsgeschäfte, wodurch Eintritt der Rechtswirkung von künftigem, ungewissem Ereignisse abhängig gemacht wird. Keine Bedingung: condicio iuris, in praeteritum collata, unmögliche, unsittliche, perplexe. Einteilung: affirmativ — negativ; potestativ (Handlung oder Unterlassung des bedingt Berechtigten), gemischt potestativ (Wille + etwas anderes, z. B. wenn du die Auguste heiratest), kasuelle (ohne Willen, z. B. bei der nächsten Ueberschwemmung). [Insbesondere: negative potestative B., cautio Muciana.] Aufschiebende: Geschäft in Schwebe (Suspensivbed.); auflösende (Resolutivb.): Geschäft fertig, aber aufschiebender Nebenvertrag, bei dessen Eintritt Geschäft aufgehoben. — B 158 bis 162.

II. Zeitbestimmung: zeitliche Schranken der Wirkung; dies incertus an, incertus quando; certus an, certus quando; in verschiedener Verbindung (an = ob; quando = wann). — Wie Bedingung zu behandeln B 163.

III. Modus: an Zuwendung geknüpfte Auflage; B 525, 2192. „Die Bedingung suspendiert, der Modus verbindet" (von Savigny).

IV. Voraussetzung; Windscheid: jede Vorstellung, welche eine Partei zum Geschäftsschlusse bestimmt; begründe, auch wenn nicht erklärt, als unentwickelte Bedingung eine Anfechtung. (Dagegen Kuntze, Dernburg.)

4. Abschnitt.

Persönlichkeitsrechte.

§ 29. Begriff. Allgemeines.

I. Römisch: actio injuriarum, actio legis Aquiliae.

II. Allgemeine Persönlichkeitsrechte (droits de l'homme): VU 4 bis 9, 11, 12, 20, 27, gehören nicht hierher; hier nur privatrechtliche, sog. Individualrechte. (Kohler: Unterschied von Individualrecht und Immaterialgüterrecht.)

III. Insbesondere geschützt im S: Leib und Leben; ferner Schutz gegen üble Nachrede, gegen Erschwerung des Fortkommens durch Beleidigung.

§ 30. 1. Rechte auf Genuß.

I. Namen: Kennzeichnung einer Person im Verkehre; auch Pseudonym, nom de guerre, Künstler-, Phantasiename. [Ob Adelsprädikat ein Teil des Namens, also lediglich historische Abweichung von der üblichen Form, ist bestritten.] — Erwerb des Namens: Geburt B 1616, 1706_1, Heirat B 1355, ferner: B 1706_2, 1577_2, 1719, 1736, 1758 und bei Findelkindern durch Gebung seitens der Ortspolizeibehörde, (Pers. st.

ges. § 24). — Verlust: Untersagung B 1577$_3$; Aufhebung der Annahme an Kindesstatt, B 1772, Satz 1; unbefugter Gebrauch. — Schutz: 1. gegen Bestreiten des Rechtes des Berechtigten zum Gebrauche eines Namens, ohne Nachweis der Verletzung des Interesses, — oder 2. gegen Verletzung des Interesses des Berechtigten durch unbefugten Gebrauch des Namens seitens eines anderen; in beiden Fällen: „Verlangen nach Beseitigung der Beeinträchtigung"; — 3. gegen Besorgnis weiterer Beeinträchtigungen: Klage auf Unterlassung, vgl. Z 890; — 4. gegen Zweifel ꝛc.; bei rechtlichem Interesse an alsbaldiger Feststellung: Z 256; — 5. gegen Schaden: Klage auf Ersatz B 823. — [Firmenrecht s. auch Band 6 des Grundrisses.]

II. Marken. Deutsch: Familienzeichen, Handgemal. [Früher Markenschutzgesetz vom 30. 11. 1874.] Reichsgesetz zum Schutze der Warenbezeichnungen vom 12. Mai 1894. Zeichenrolle beim Patentamte in Berlin.

§ 31. 2. Rechte auf Bethätigung.

I. Schutz gegen unlauteren Wettbewerb (concurrence déloyale). Reichsgesetz vom 27. Mai 1896 gegen: unlautere Anpreisungen, Eingreifen in fremde Geschäftssphäre, Verrat von Geschäftsgeheimnissen.

II. Urheberrecht; litterarisches: Reichsgesetz vom 11. 6. 1870, künstlerisches: vom 9. 1. 1876, gewerbliches [und zwar: für Photographien 10. 1. 1876, Muster und Modellen 11. 1. 1876; Gebrauchsmuster 1. 6. 1891], Erfinderrecht: Reichspatentgesetz v. 7. April 1891.

III. Monopolrechte (Gierke): Zwangs- und Bannrechte, sowie Realgewerbeberechtigungen E B 74, ferner ausschließliche Okkupationsrechte.

5. Abschnitt:

Ausübung und Schutz der Rechte.

§ 32. Ausübung und Mißbrauch.

I. Ausübung: dem Rechte so entsprechend, daß der rechtliche und der thatsächliche Zustand übereinstimmen.

II. Qui iure suo utitur, neminem laedere potest; bei Kollision mehrerer Berechtigter: Rang, Teilung, Los, melior est condicio possidentis, Prävention. Grundsatz: quod mihi prodest et tibi non nocet, ad id potes compelli?

III. Exceptio doli generalis. Chikaneverbot B 226.

IV. Schutz durch Sicherheitsleistung B 232 bis 240.

§ 33. Eigenmacht.

I. Römisch: manus injectio, pignoris capio; [decretum divi Marci.] Deutsch: Fehde; Privatpfändung. (E B 89).

II. Selbstverteidigung gegen Menschen: Notwehr ist diejenige Verteidigung, welche erforderlich ist, um einen gegenwärtigen rechtswidrigen Angriff von sich oder von einem anderen abzuwenden. Vgl. B 227_2 mit S 53; siehe auch B 859.

III. Selbstverteidigung gegen Sachen: Notstand B 228 und 904, aber weiter als S 54. — Gewisse Rechtsgüter müssen unter Umständen bei fremder Not gegen Entschädigung zum Opfer gebracht werden; der Gefährdete, der sie beschädigt oder vernichtet, handelt also nicht widerrechtlich. Entweder: Abwehr einer von fremden Sachen drohenden Gefahr von sich oder einem anderen, — oder: Einwirkung auf fremde Sache, wenn Einwirkung zur Abwendung einer gegenwärtigen Gefahr notwendig und der drohende Schaden gegenüber dem aus der Einwirkung dem Eigentümer entstehenden Schaden unverhältnismäßig groß ist.

IV. Selbsthilfe: Eingriff in die fremde Rechtssphäre, wenn ein wirklich vorhandenes Recht verwirklicht werden soll und Gefahr im Verzuge ist; B 229 bis 231. Für den Mieter B 561_1, im Nachbarrechte, wenn Wurzeln eines Baumes oder Strauches eindringen, B 910.

V. Verbotene Eigenmacht: Strafe, Schadensersatz. — [Pfandkehrung.]

§ 34. Verjährung.

I. Verjährung erhebt bloß-thatsächliche Zustände wegen ihres langen Bestehens zu Rechten im subjektiven Sinne. [Gewohnheitsrecht dagegen Recht im objektiven Sinne, vgl. wegen der Verwechselung w. o. S. 8 Nr. II.] Im B erlöschende und erwerbende Verjährung getrennt: „Verjährung" B 194 bis 225, „Ersitzung" B 937 bis 945.

II. Römisches Recht. Klagenverjährung. Aeltestes Recht: actiones perpetuae des Zivilrechts; — 2. Prätorisch meist temporales, ädilizisch immer temporales; später: einzelne Verjährungen (Fiskus, de statu, querella inoff. test.); — 3. Honorius und Theodosius II, i. J. 424: allgemein 30 Jahre, kürzere bleiben bestehen; — 4. Justinian: für piae causae 40 J., röm. Kirche 100 J.; Steuerforderungen d. Fisk. unverjährbar.

III. Deutsches Recht. Sichverschweigen. „Sächsische Frist" oder „Jahr und Tag" ist ein Jahr sechs Wochen drei Tage; wer sein Recht nicht in Jahresfrist geltend macht, darf noch an drei ungebotenen Thingen (s. Grundriß Band 8 S. 8) sein Recht wahrnehmen. [Diese Things treten je „über vierzehn Nächte" zusammen, die „3 Tage" sind die drei Thingstage.]

IV. Gemeines Recht. Windscheid: Verjährung des Anspruches; Dernburg, Eck: Klagverjährung; Fischer und Hölder: Verjährung der Forderungen. — B 194: Anspruch unterliegt der Verjährung; [in I. Lesung § 182 und in II. § 187: dem Anspruche steht Einrede entgegen]. Gewisse familienrechtliche Ansprüche ausgeschlossen B 194_2.

V. Anspruch. Begründet von Windscheid: gegenwärtige Befugnis auf Thun oder Unterlassen gegen einen andern, auch gegen jedermann, gegen „niemand nicht"; [dagegen Kohler: „ob auch gegen Neger am Stanley-Pool?"]; Reichsgericht 2, 158: bei Obligationenrechten Klagerecht und Anspruch identisch; Regelsberger: aktuelles und potentielles Ansprechen; Cosack: jedes absolute Recht eine unzählige Menge von Ansprüchen; B 194: „das Recht, von einem anderen ein Thun oder Unterlassen zu verlangen (Anspruch)."

VI. Fristen: regelmäßig 30 Jahre; aber B 196 nur 2 Jahre tägliche Verkehrsansprüche, B 197 nur 4 Jahre Zinsansprüche ꝛc.

VII. Beginn: mit Entstehung des Anspruchs, B 198 bis 201. [Actio nata.]

VIII. Hemmung (nach Beseitigung des Hemmnis läuft weiter, vorherige Zeit zugerechnet): Stundung, iustitium, vis maior, Bestehen gewisser Verhältnisse, B 202 bis 205. — Besonderes B 206, 207.

IX. Unterbrechung (wieder von vorn): Anerkenntnis, Klage, Zahlungsbefehl ꝛc. B 209 bis 217.

X. B 218 bis 224.

XI. Ausschließung oder Erschwerung der Verjährung verboten; Erleichterung (Fristverkürzung) statthaft.

XII. B verlangt nicht bona fides.

XIII. Unterschied von Verjährung und Ausschlußfrist. (Gegner? Prüfung von Amtswegen?).

XIV. Nicht im B: unvordenkliche Verjährung, vetustas, praescriptio immemorialis. [Besteht aber für öffentliches Recht!] Römisch: dinglich, öffentlich; deutsch: weiter, z. B. Adel, Reallast, Rente. — Ersetzt den titulus possidendi; kein Titel erfordert. Beweis nur: a. positiv (vetustas) und b. negativ (cuius contrarii non exsistit memoria). — Gegenbeweis.

§ 35. Rechtsschutz.

I. Ordentlicher Schutz: durch Klage rc. s. Grundriß Band 9.

II. Außerordentlicher Schutz: in integrum restitutio, formell Richtiges aus Billigkeit mildern. Dem B unbekannt; Restitutionsklage Z 578, 580 bis 582. — Erfordernisse: laesio, causa (cap. dem. minim., aetas, Zwang, Irrtum, Betrug, Abwesenheit, äußere Hindernisse), Gesuch in quadriennium continuum. — Urteil stellt den früheren Zustand — identisch — wieder her.

III. Sicherungmittel: Rechtsverwahrung (Protest — Reservation), Kaution (Real — Verbal), Beschlagnahme, Einweisung (missio), Sequestration (Verwahrung), Zwangsverwaltung, Inventar, Aufgebot (Ediktalladung), Vormerkung, Sperrvermerk, Arrest, einstweilige Verfügung.

FSC
www.fsc.org
MIX
Papier | Fördert
gute Waldnutzung
FSC® C083411

Kolibri 360 GmbH
Ferdinand-Jühlke-Straße 7
99095 Erfurt, Deutschland
produktsicherheit@kolibri360.de